LE GÉNIE ROSE

ET

LE GÉNIE BLEU,

OU

LES VIEILLES FEMMES RAJEUNIES,

PANTOMIME FÉERIE EN DEUX ACTES,

A GRAND SPECTACLE,

Représentée pour la première fois, à Paris, au Théâtre des Funambules, le 13 février 1817;

Par M. D'.....

Musique de M. MOURAT.

Mise en scène par M. GOUGIBUS aîné.

PARIS,

Chez MORISSET, Imprimeur-Graveur en taille-douce, rue et passage du Caire, n° 110.

1817.

PERSONNAGES.
ACTEURS.

PERSONNAGES.	ACTEURS.
Le GÉNIE ROSE, frère du Génie bleu,	*Mlle Victorine.*
Le GÉNIE BLEU, frère du Génie Rose,	*Mlle Zoé.*
ARLEQUIN, Amant de Colombine,	*M. Gougibus jeune.*
COLOMBINE,	*Mlle Pauline.*
Le Père de Colombine,	*M. Bougnol.*
PIERROT, Amant de Colombine,	*M. Adolphe.*
Un Bucheron,	*M. France.*
La Fille du Bucheron,	*Mlle Camille.*
Un Tabellion,	*M. Folville.*
La femme du Tabellion,	*Mad. France.*
Un Capitaine de vaisseau,	*M. Silvain.*
Troupe de Vieilles Femmes.	*Mlle Lise.* *Mlle Rose.* *Mlle Camille, etc.*
Troupe de Villageois et Villageoises,	*Le Ballet.*
Troupe d'Ouvriers,	
Les Maris des Vieilles Femmes.	
Quatre Démons.	
Matelots.	

LE GÉNIE ROSE

ET

LE GÉNIE BLEU,

OU

LES VIEILLES FEMMES RAJEUNIES.

ACTE PREMIER.

*Le théâtre représente une plage dont le fond est borné
par la mer. Sur les côtés sont différentes habitations
de pêcheurs ; la maison de Colombine est sur la
gauche du théâtre ; celle de Pierrot est du même
côté ; celle d'Arlequin est sur la droite, et change
en devant de palais.*

SCENE Ire.

COLOMBINE, ARLEQUIN.

Colombine est sortie de chez elle à l'insu de son
père ; elle est allé frapper à la porte d'Arlequin ;
ils se parlent tous deux de leurs amours. Colombine lui montre un bouquet qu'elle a à sa main,
pour souhaiter la fête à son père ; elle engage Arlequin à s'en pourvoir d'un, lui observant que
c'est une occasion favorable pour obtenir son
consentement à leur mariage.

SCENE II.

LE PÈRE, COLOMBINE, ARLEQUIN.

Le Père sort subitement de chez lui ; Arlequin
rentre dans sa maison. Mille reproches à Colombine de la part de son père ; il lui signifie qu'il a
des vues sur un autre. Colombine est profondé-
ment affligée. Son père lui observe qu'Arlequin
est un homme sans fortune ; il lui parle de Pierrot,
dont la main lui présente plus d'avantages. Colom-

B 2

bine témoigne la plus grande indifférence sur ce dernier. Le Père va frapper à la porte de Pierrot.

SCENE III.

PIERROT, LE PÈRE, COLOMBINE, ARLEQUIN.

Pierrot sort de chez lui en grattant des baguettes d'osier. Le Père lui fait observer Colombine, et l'engage à s'asseoir auprès d'elle et de lui témoigner ses bons sentimens. Pierrot fait signe qu'oui et reste toujours à la même place. Le père, outré de ce sang-froid, le prend par le bras et le fait asseoir à côté de sa fille. Arlequin, de sa fenêtre, observe tous ces mouvemens, et en témoigne son chagrin à Colombine, dont les yeux sont toujours fixés sur lui. Le Père sort.

SCENE IV.

COLOMBINE, PIERROT, ARLEQUIN.

Colombine, assise sur le banc, s'écarte de Pierrot- Celui-ci, toujours occupé de son travail, n'a pas l'air de faire attention à Colombine; il baille et s'endort. Arlequin, qui observe ce mouvement, sort de chez lui et vient trouver Colombine. Un papillon vient voltiger autour de Pierrot; il se réveille et prétend l'attraper; il court après. Arlequin et Colombine viennent s'asseoir sur le banc; ils se témoignent l'un à l'autre le plus vif amour, et se divertissent beaucoup de la simplicité de Pierrot, qui a couru en vain après l'objet qu'il voulait attrapper. Il vient reprendre sa place; aperçoit Arlequin et Colombine qui conversent; il s'approche pour écouter. Arlequin le surprend et le pousse avec force.

SCENE V.

COLOMBINE, ARLEQUIN, PIERROT, VILLAGEOIS
ET VILLAGEOISES.

Entrée de plusieurs Villageois qui viennent souhaiter la fête au père de Colombine, ils portent des cerceaux de fleurs, des guirlandes de fleurs et des bouquets. Colombine et Arlequin se mettent

à leur tête , ornent l'extérieur de la maison de guirlandes de fleurs. Pierrot s'asseoit au côté opposé ,
et observe tout tranquillement.

SCENE VI.

LE PÈRE , *et des précédents.*

Le Père sort de chez lui , apperçoit la fêt qu'on
lui prépare , témoigne sa sensibilité , Colombine
lui présente son bouquet et embrasse son père avec
tendresse ; Arlequin lui présente un bouquet, le
Père le repousse avec dédain ; tous les gens du vil-
lage entourent le Père , témoignent le plus grand
intérêt pour Arlequid ; le Père prend le bouquet
d'Arlequin et l'embrasse ; Pierrot , sortant subitement de sa place , vient se placer entre Arlequin
et le Père , il lui rappelle qu'il lui a promis sa
fille et qu'il doit éloigner Arlequin ; il réfléchit et
décide que celui des deux qui , du fruit de sa pêche ; lui aura apporté le plus beau poisson , aura
la main de Colombine. Arlequin et Pierrot se
donnent la main en signe de défi , et vont prendre
leurs filets. Les matelots , paysans et paysannes se
placent à un tonneau et prennent chacun une bou-
teille et des verres, et forment un ballet. Pendant
cet intermède , Arlequin et Pierrot sont occupés
à jeter leurs filets. Après le ballet , Pierrot arrive
en courant , montrant dans son filet une anguille
d'une énorme grosseur ; teut le monde l'entoure et
témoigne son étonnement. Pierrot se moque d'Arlequin , qui se désespère de ne rien prendre. La
danse recommence ; Arlequin dit qu'on vienne à
lui , qu'il ne peut retirer à lui seul son filet ; on va
lui aider; on retire nn énorme coquillage qui s'en-
trouve et laisse voir un génie sous la forme d'un
Amour couleur de rose ; tout le monde témoigne
son étonnement. Le Génie , s'adressant à Arlequin , lui dit :

« Fruit d'uu amour clandestin , j'ai été condamné
» par le grand enchanteur , à vivre dans le fond
» des eaux jusqu'à ce qu'un homme à figure noire

» m'en retirât. Tu viens d'accomplir cet arrêt du
» destin. Reçois comme une marque de ma recon-
» naissance, ce talisman qui comblera tes souhaits :
» je te préviens cependant que tu ne verras tes
» vœux se réaliser si tu ne passe au-delà des mers;
» ce pays étant le domaine du grand enchanteur
» mon plus cruel ennemi.... Adieu ! ».

Le Génie s'envole vers les cieux ; joie d'arlequin et Colombine ; Pierrot veut faire le rodomont,
mais Arlequin, d'un coup de sa bate dorée, fait
changer Colombine, son père et lui, ils se trou-
vent couverts d'habits riches, la maison d'Arlequin devient l'entrée d'un palais; stupéfaction de
Pierrot ; Arlequin invite tout le monde, excepté
Pierrot, d'entrer chez lui ; l'on se moque de Pierrot qui reste seul : il est indécis s'il suivra la compagnie, il résout de s'en retourner chez lui, où il
portera son anguille pour s'en faire un repas.

SCENE VII.

Le théâtre représente l'intérieur de la maison de Pier-
rot, ornée de meubles les plus simples, et garnie
d'ustensiles propres à la pêche ; un billot se change
en nuage.

Pierrot entre chez lui, pose son anguille au milieu de la chambre, bat le briquet, allume les
chandelles : elles s'allument et s'éteignent à plusieurs reprises (*lazzis*); son anguille s'échappe du
panier et parcoure le théâtre ; il la poursuit, il
s'en empare, saisit une hache, pose l'anguille sur
le billot pour la couper en deux; aussitôt qu'il a
le bras levé, un cri perçant se fait entendre, le ton-
nerre gronde; on voit sortir du billot au lieu de
l'anguille, un Amour sous la forme d'un Génie
bleu, qui lui adresse ces mots :

» Méchant ! que t'ai-je fait pour vouloir m'ôter
» la vie ? Condamné à la même peine que mon
» frère, sauvé par Arlequin ; je t'aurais la même
» obligation si tu ne t'étois ôté le mérite d'une
» bonne action, en voulant me priver de la lu-

» mière. Désirant cependant t'être utile , je te dé-
» clare que tes prétentions à la main de Colom-
» bine sont les mêmes que celle d'Arlequin , et
» qu'elle doit appartenir au plus vertueux. Telle
» est ma volonté et celle de mon frère. »

Le billot se change en nuage dans lequel s'envole le Génie bleu. Grand étonnement de Pierrot
qui regrète l'occasion de faire un bon repas avec
son anguille. Il se plaint du grand appétit qu'il
eprouve , cherche dans son armoire qu'il trouve
vide ; désespéré , il réfléchit et prend la résolu-
tion d'aller trouver Arlequin.

SCENE VIII.

*Le théâtre change et représente un des appartemens
de la maison d'Arlequin ; il est richement meublé.*

LE PÈRE , *plusieurs Domestiques*

Des Domestiques sont occupés à ranger des bal-
lots , des malles , pour le voyage , le Père de Colombine , préside à ce travail , il est étonné de ne
point voir Pierrot. Ce dernier arrive , le Père l'invite d'être du voyage , et lui dit d'aller chercher
son bagage ; Pierrot se plaint toujours du grand
appétit qu'il éprouve , et cependant il sort.

SCENE X.

LE PERE , *Domestiques.*

Après avoir donné différens ordres aux domestiques, le Père ordonne de préparer le déjeûner
et sort. On dresse une table sur laquelle on sert
des tasses de chocolat.

SCENE XI.

PIERROT , *Domestiques.*

Pierrot arrive avec son paquet qu'il dépose au
milieu des autres bagages : ses yeux viennent se
fixer sur les trois tasses de chocolot. Plein de joie ,
il épie le moment ou les domestiques ne font pas
attention à lui, vide une des tasses et la met dans
sa poche ; il a mis tant de précipitation à la boire

qu'il lui en reste une marque au nez. Les domestiques s'apperçoivent qu'il manque une tasse, on
cherche : on le fouille ; il proteste que ce n'est
pas lui : lui trouvant la tasse dans sa poche, on
va pour le frapper et le mettre à la porte, lors=
qu'arrive tout-à-coup la compagnie.

SCENE XII.

LE PERE , COLOMBINE , ARLEQUIN , PIERROT, *Domestiques.*

Surprise de la compagnie sur le vacarme qui se
passe ; les domestiques en expliquent le motif. Arlequin ordonne qu'on le laisse tranquille et qu'il
va suppléer à tout, et frappe d'un coup de sa bate
le milieu du théâtre, il en sort aussitôt une table
magnifiquement servie. Arlequin engage la société
à prendre place, Pierrot se réjouit du plaisir qu'il
va avoir en faisant un aussi bon repas. Sitôt qu'il
est assis sur la chaise, elle se baisse, il se trouve
assis par terre, puis elle s'enlève à une hauteur
telle qu'il ne peut atteindre à aucun plat ; l'on se
moque de lui. L'on se lève de table ; Arlequin,
d'un coup de bate, fait rentrer tout dans la terre ;
Pierrot est très-colère ; les domestiques lui essuyent
la bouche avec sa serviette. On charge les bagages
et toute la compagnie quitte la maison.

SCENE XIII.

Pierrot est inconsolable de n'avoir pas mangé,
et se résout à suivre la compagnie. Il sort.

SCENE XIV.

*Le théâtre représente le rivage de la mer, tel qu'on
l'a vu à la première scène.*

Toute la compagnie arrive, précédant sa suite
qui porte les bagages; Pierrot lui dit comment il
est possible que l'on puisse s'embarquer puisqu'il
n'y a pas de vaisseau. Arlequin, par le moyen de
son talisman, frappe le rivage de la mer, on voit
aussitôt s'avancer un bâtiment avec tous ses agrêts.

Le capitaine et l'équipage en descendent et vien=
nent prendre les ordres dArlequin qui ordonne
le départ ; Pierrot a remarqué que son porte-man-
teau n'était pas avec les autres bagages, court pour
le chercher dans la maison d'Arlequin. Pendant
ce temps, Arlequin, Colombine, son père font
leurs adieux à tous leurs amis ; ils s'embarquent,
on met à la voile, et le bâtiment disparaît. Arrive
en courant Pierrot chargé de son paquet ; il cherche des yeux le vaisseau ; tout le monde se moque
de lui, et lui annonce qu'il est parti; il se désespère;
un des matelots fait des signaux, un coup de canon
y repond ; Pierrot témoigne sa joie à la vue d'un
canot qui vient pour le chercher ; ayant abordé,
il s'y précipite, mais son empressement lui fait
perdre son équilibre, et il tombe à la mer, tout
le monde se divertit de cette avanture. Pierrot est
remonté par les matelots avec beaucoup de peine
dans le canot ; il est couvert de vases, l'on se moque de lui. Le canot prend sa direction vers le
vaisseau.

SCENE XV.

Le théâtre représente une campagne.

LE Génie rose, LE Génie bleu.

Les deux Génies arrivent sur la scène, il se jet-
tent dans les bras l'un de l'autre, et se témoigneut
réciproquement la joie de se retrouver; alors le
Génie rose adresse ces paroles à son frère :

« Que le Grand-Enchanteur a été cruel envers
» nous, et combien son ressentiment nous a fait
» souffrir, en nous obligeant à demeurer si long-
» temps dans le fond des eaux ! Arlequin et Pier-
» tu le sais, ont un droit égal à uotre reconnais-
» sance. Tous deux ont des prétentions à la main
» de Colombine ; agissons de concert, et voyons
» par nombre d'épreuves celui des deux qui s'en
» montrera le plus digne. Pierrot étant déjà pré-
« venu par toi de notre intention, doit être sujet
» aux plus rigoureuses ».

Le Génie bleu fait des signes d'approbation à son frère, après quoi ils entrelacent leurs bras, at se retirent en se donnant des marques de la plus tendre amitié.

Fin du premier acte.

ACTE DEUXIEME.

Le théâtre représente le rivage de la mer. Le sol qui borde est sterile, et garni seulement de quelques arbres. Le temps est à la nuit; la mer est agitée comme à la fin d'un orage. Le ciel est silonné par des éclairs, et la foudre qui semble se retirer gronde encore au loin. On apperçoit dans l'éloignement le vaisseau subm^egé et échoué contre des écueils. Arleqnin et Pierrot sont le jouet des flots; on les voit faire tous leurs efforts pour gagner la terre en nageant.

SCENE Ire.

Arlequin, Pierrot.

Pierrot gagne terre le premier; il est épuisé de fatigue, et secoue ses vêtemens, les presse et les suspend à un arbre pour les faire sécher. Pendant cette scène, Arlequin appelle Pierrot pour lui prêter une main secourable; mais Pierrot lui répond qu'il n'a qu'à faire comme lui et de s'en retirer comme il le pourra. Arlequin parvient à gagner terre; il tombe d'épuisement. Revenu à lui, il redemande l'objet de ses amours; mais sa peine est inutile; il fléchit le genou et implore son génie tutélaire. Pierrot cherche quelques fruits sauvages; arrive en courant un bucheron qui fait signe à Arlequin de prendre la fuite, qu'il est poursuivi par un tigre. Arlequin s'empare de sa hache et lui répond d'être tranquille. Pierrot monte sur un arbre; le tigre paraît; Arlequin l'attaque et le chasse. Témoignage de reconnaissance de la part du bucheron envers Arlequin. Pierrot descend de l'arbre et fait le fanfaron. Arlequin raconte au bucheron qu'il vient de faire naufrage ; que tout l'équipage a péri, et qu'il est réduit à la dernière misère. Le bucheron lui offre de venir chez lui, et qu'il le recevra de son mieux. Arlequin l'accepte avec joie. Ils sortent tous trois.

SCENE II.

Le Génie rose , le Génie bleu.

Les deux Génies , se tenant par la main , observent de loin Arlequin qui s'en va avec le bucheron. Le Génie rose rappele à son frère la bonne action d'Arlequin ; il paraît en être ému, et témoigne l'envie qu'il a de lui rendre son talisman. Le Génie bleu dit que les épreuves passées ne sont pas suffisantes ; tous deux marchent de loin sur les pas d'Arlequin.

SCENE III.

Le théâtre représente l'intérieur d'une habitation rustique ; au fond est une barrière qui laisse voir un jardin ; au milieu est un puits ; sur la gauche , en dedans de l'habitation , est un four ; à droite , un escalier qui aboutit à une chambre du premier étage.

Pierrot, le Buccheron, sa fille, Arlequin.

Le Bucheron envoie Arlequin dans le jardin pour y travailler. Pierrot a la commission de battre le beurre. La fille est occupée à retirer des galettes du four. Le Bucheron ordonne à sa fille de compter l'argent qu'elle a pour aller à la ville et rappor- et rapporter des provision pour la subsistance de ses nouveaux hôtes ; voyant qu'elle n'en a pas assez, il lui eu redonne ; elle le pose sur la table, et va continuer son ouvrage. Le Père retourne au jardin. Pierrot, que l'odeur attire , les considère d'un œil gourmand ; la fille en éloigne Pierrot ; Arlequin ayant su que la fille devait aller à la ville, accourt lui demander si elle veut se charger d'une lettre pour mettre à la poste ; elle répond que oui ; Arlequin se met aussitôt à écrire sa lettre sur la table ;

Pierrot le prie de donner de ses nouvelles, et en s'approchant de la table, pour dicter à Arlequin, il s'empare de l'argent qui est sur la table, et le met dans sa poche. Arlequin cachette sa lettre, il la tient à la main, elle s'en échappe et s'envole dans les airs. Arlequin est étonné; mais pensant que c'est son génie tutélaire qui a bien voulu se charger de sa lettre, il retourne pour travailler au jardin. La Fille a terminé son ouvrage, et se dispose à partir pour la ville, son panier à la main; elle va pour prendre son, mais elle ne l'y trouve plus; étonnée, elle se fouille et cherche partout; elle appelle son père; Pierrot proteste qu'il est innocent; Arlequin est désespéré et prend Pierrot à témoin de son innocence. Pendant qu'Arlequin s'explique avec le père; Pierrot lui glisse clandestinement l'argent dans sa poche. Pierrot prend un air hardi, opine pour qu'on les fouille, et est le premier à retourner ses poches; le Père le déclare innocent, et invite Arlequin d'en faire autant. L'argent tombe de sa poche. Arlequin se jette aux genoux du père, et lui assure qu'il est innocent. Le Père s'arme d'un bâton, appelle les voisins; ils accourent. On dépouille Arlequin de son habit de travail, et on le met à la porte. Les voisins sortent.

SCENE IV.

La Fille dit à son père qu'elle va serrer cet argent dans chambre; elle sort. Le Père retourne au jardin, et Pierrot se remet à battre le beurre.

SCENE V.

Pierrot resté seul, rit de l'avanture d'Arlequin, s'approche des galettes; ne voyant personne, il se met à manger et à en remplir ses poches. La Fille l'aperçoit de sa fenêtre, descend doucement, va prévenir son père; tous deux s'avancent auprès de Pierrot, le saisissent lorsqu'il a encore la bouche pleine, le fouillent et lui en retirent les galettes qu'il y avait mises; convaincus de sa mauvaise foi, ils appellent les voisins qui, accourant aussitôt, se mettent aussitôt après Pierrot, et le chassent de la maison, à coups de bâton, comme ils ont fait à Arlequin. Tout le monde sort.

SCENE VI.

Le théâtre représente le rivage de la mer, tel qu'on l'a vu au commencement du second acte.

ARLEQUIN.

Arlequin est couché au pied d'un arbre ; il se relève et paraît désespéré ; il invoque scn génie t élaire ; mais c'est en vain ; ne voyant aucun indice de sa bienveillance, le désespoir s'empare de lui ; il dénoue sa ceinture, court à un arbre pour s'y pendre. Une voix lui prononce ces mots :

> *» Le lâche seul se détruit ;*
> *» Prends conrage et cherche.*

Un autre sentiment sentiment s'empare de lui ; il cherche partout son talisman ; un tronc d'arbre sort de terre et lui rapporte ; sa joie est extrême, et rend grâces à son génie ; il touche le bord de la mer ; on aperçoit aussitôt une conque marine ; Colombine et son père sont au milieu ; les uns et les autres font des signes du plus grand contentement. Arlequin lui dit d'aborder ; le Père lui répond qu'il va côtoyer plus loin. Arlequin les suit des yeux, et sort en témoignant la plus vive allégresse.

SCENE VII·

Le théâtre représente un hameau à droite, et à gauche, différentes maisons.

PIERROT.

Pierrot, errant au milieu du hameau, se plaint de sa position ; il va demander aux portes l'hospitalité ; personne ne lui répond ; il s'accuse luimême, et se sait mauvais gré de sa propension naturelle à prendre ce qui ne lui appartient pas. Les remords s'emparent de lui ; il saisit une hache qu'il trouve, pose sa main droite sur une borne, ponr la couper, lorsqu'une voix lui adresse ces paroles :

» *Le travail honore l'homme ;*
» *C'est par lui seul qu'il trouve de quoi subsister.*

Grand étonnement de Pierrot ; il est persuadé que cet avis lui vient du Ciel. Résolu donc à travailser, il se promet de demander de l'ouvrage à la première personne qui voudra bien lui en donner.

SCENE VIII.

Pierrot, Travailleurs.

On voit des ouvriers passer dans le fond ; ils portent leurs outils sur leur dos, et paraissent aller travailler en journée. Pierrot s'avance vers eux, et leur demande s'ils veulent lui procurer de l'ouvrage ; les ouvriers l'acceptent, et voulant éprouver son courage, chacun lni met son outil sur le dos, et tous lui enjoignent de les suivre. Pierrot, affaissé sous le poids d'un tel fardeau, reste en arrière. Ils sortent tous.

Changement. Le rideau du fond se lève, et l'on voit dans le foud un four à chaux, dont la porte se trouve au niveau de terre.

Les ouvriers traversent le théâtre appellant Pierrot qui est resté en arrière ; ils sortent. Pierrot, harace de fatigue, jette bas son ferdeau et se repose tout essouflé ; dégoûté du travail, il se voue à tous les maux possibles, plutôt que de prendre tant de peines. Il réfléchit un moment, tout-à-coup il lui vient une idée sur laquelle il fonde tout son espoir. Il court à la porte du four et ramasse un charbon, il écrit au-dessus ces mots.

Ici on rajeunit les vieilles femmes.

Satisfait du projet qu'il a conçu, il va frapper à la qorte du Tabellion.

SCENE IX.

Pierrom, le Tabellion.

Le Tabellion sort de chez lui, Pierrot lui fait

part de son intention ajoutant que tenant d'un Génie protecteur un talisman qui à le pouvoir de rajeunir toutes les vieilles femmes du pays, le Tabellion lui témoigne toute la joie qu'auront tous les gens du pays qui ont des vieilles femmes et que lui en a déjà une avancée en âge, qu'il recommande à ses soins particuliers, Pierrot lui promet tout, mais il exige qu'il lui procure tous les moyens qui lui seront nécessaires pour mettre à fin son opération, Pierrot ordonne qu'on allume le four et que l'on publie dans tout le pays ce qu'il à intention de faire, on sonne la trompette, arriuent nombre d'habitans avec leurs femmes toutes d'un âge très-avancé, il les passe toutes en revue et leur fait entendre qu'elles seront toutes contentes; on vient prévenir Pierrot que le four est chaud, alors prenant un ton imposant il avertit qu'on soit attentif à son opération, le Tabellion fait avancer sa femme la première, demande à Pierrot qu'il fasse sur elle le premier essai, Pierrot la psend par le bras; il lui demande une certaine rétribution; elle lui remet une bourse, les autres vieilles femmes en font autant; Pierrot prend la femme du Tabellion, la conduit jusqu'à la porte du four, et lui dit d'y entrer, surprise générale, toutes les femmes veulent se retirer, Pierrot les rappelle et leur persuade que par la vertu de son talisman rien ne lui est impossible; le Tabellion prétend que sa femme se prête à toutes les volontés de Pierrot; la femme du Tabellion s'y refuse, son mari se met en colère, aidé de Pierrot, il précipite sa femme dans le four; toutes les autres vieilles femmes y sont jetées les unes après les autres, grande joie de Pierrot à la vue de tant d'argent, il lui prend des tentations de s'esquiver, mais comme on se met toujours au devant de iui, il n'en a pas la possibilité.

Capendant les vieilles femmes sont dans le four il est question de les faire sortir, ainsi que Pierrot l'a promis, on le presse, on l'entoure et on exige qu'il mette son opération à fin ; on remarque en lui un embarras secret, mais fesant sur lui un effort, il lève en l'air sa baguette et annonce qu'au troisième coup qu'il donnera sur la porte du four, les femmes en sortiront telles qu'il l'a promis, tout le monde prête la plus grande attention, enfin il a déjà frappé deux coups, l'on attend avec impatience le troisième coup, Pierrot frappe et rien ne bouge. Alors s'élève de toute part une rumeur générale, on traite Pierrot d'imposteur, le Tabellion ordonne qu'il soit arrêté, tous les maris le garottent, le Tabellion sans désemparer le condamne à être enfermé dans une de fer, et à être brûlé vif. Pierrot est enfermé dans la cage.

SCENE X.

ARLEQUIN, COLOMBINE, LE PERE, PIERROT, etc.

Arrive Arlequin qui reconnaît Pierrot dans la cage, et s'informe de ce qu'à pu faire Pierrot ; on le lui explique. Pierrot sollicite Arlequin d'avoir pitié de lui. Arlequin lui fait des reproches, mais touché des pleurs des maris, dit à tout le monde qu'il va tout réparer ; Arlequin, par son talisman, fait paraître les deux Génies qui descendent sur deux nuages ; la foudre gronde, le Génie rose adresse ces paroles à Arlequin : « Arlequin, ton » bon cœur, tes vertus, te donnent des droits à » la main de Colombine ; le Ciel approuve ton » hymen, sois donc heureux à jamais ! (*A Pierrot*). » Quand à toi, Pierrot, qui n'a donné que des » marques d'un cœur injuste et méchant, reçois » le paix de tes actions. »

Quatre démons s'attachent à la cage où est Pierrot, et l'engloutisse en terre. Arlequin, par l'ordre de son Génie, touche le four qui se change tout-à-coup en un berceau de fleurs, où l'on voit les deux Génies et les vieilles femmes changées en autant de nymphes jeunes et jolies ; elles courent dans les bras de leurs maris , qui les reçoivent avec la plus vive allégresse. Tout le monde se prosterne; les femmes implorent les Génies de vouloir bien rajeunir leurs maris ; les Génies ordonnent à Arlequin d'étendre sa bate , qui opère le rajeunissement des vieux maris.

CHANGEMENT.

Le Théâtre , dans le fond , représente le Temple de l'Hymen.

Les deux Génies montent au Temple , et unissent Arlequin et Colombine.

Tableau général.

Un ballet des nymphes finit la pièce.

FIN.

De l'imprimerie de L.-E. HERHAN, passage du Caire.